AF366446

EL ABECEDARIO DE LA GOLONDRINA

ExLibric

JESÚS TORRES BEATO

EL ABECEDARIO DE
LA GOLONDRINA

EXLIBRIC

ANTEQUERA 2019

EL ABECEDARIO DE LA GOLONDRINA
© Jesús Torres Beato
Diseño de portada: Dpto. de Diseño Gráfico Exlibric

Iª edición

© ExLibric, 2019.

Editado por: ExLibric
c/ Cueva de Viera, 2, Local 3
Centro Negocios CADI
29200 Antequera (Málaga)
Teléfono: 952 70 60 04
Fax: 952 84 55 03
Correo electrónico: exlibric@exlibric.com
Internet: www.exlibric.com

ISBN: 978-84-17845-37-7
Depósito Legal: MA-1152-2019

Nota de la editorial: ExLibric pertenece a Innovación y Cualificación S.   L.

JESÚS TORRES BEATO

EL ABECEDARIO DE
LA GOLONDRINA

Dedicado a Nacho Albert

Índice

Prólogo

AVES DE VUELO PAUSADO

Habitamos el mundo de la velocidad. La eficiencia se mide en gigas; nos inquietamos cuando nuestro mensaje de Whatsapp no es contestado a bote pronto; vemos en YouTube series de veinte minutos y en el cine nos ponemos muy nerviosos cuando un plano dura más de cinco segundos. El futuro ya está aquí. Era esto, la velocidad extrema; sin embargo, y contra todo pronóstico, siguen saliendo jóvenes que dedican su tiempo y su esfuerzo a la poesía, quizás el arte más lento y pausado que existe, tanto a nivel creativo como receptivo (la lectura de un puñado de poemas puede ralentizarse —¿por qué no?— un día entero, mientras escribir un buen poema es labor de varios meses). Hace poco me reuní con un grupo de jóvenes poetas y les interrogué a este respecto. ¿Por qué dedicarse a la tortuga-poesía en la era de la liebre tecnológica? La respuesta fue unánime: la poesía les aportaba el tiempo, la reflexión y el distanciamiento necesarios para entender la vida (la suya, principalmente, pero también la de los demás). La conclusión a la que llegamos era muy sencilla: la tecnología está diseñada para ser eficiente en la velocidad; el ser humano no. Nosotros traemos de fábrica otros tiempos: el tiempo del arte y del goce estético que, por fuerza, es lento.

A esta preciosa nómina de jóvenes poetas se une hoy Jesús Torres Beato y yo me alegro de estar escribiendo este prólogo para celebrarlo. La poesía de Jesús requiere —como todas— de un masticar lento y una buena digestión. Sus imágenes (acumulativas, expresionistas, rebosantes de color y significado) son una magnífica carta de presentación que, como migas de pan abandonadas en el camino, marcan ese rumbo poético que Jesús ya empieza a trazar. Es sabido que todo primer libro deja entrever las mimbres que van haciendo al poeta —y eso es bueno, porque demuestra la hondura de sus lecturas y su asimilación—, pero al mismo tiempo debe estar ya presente en estos primeros poemas el despuntar de una voz propia, esa chispa personal, ese síntoma de identidad lírica que le propiciará al autor un hueco entre los poetas (y los lectores) de su generación. En este sentido, la voz de Jesús —deudora de grandes como Octavio Paz o Juan Carlos Mestre entre otros— sabe elevarse nítida a lo largo del poemario y deja señales de una frescura inusual en el discurso y una luminosidad especial en las imágenes. Más allá de eso cabe señalar el virtuoso manejo del ritmo que define a Jesús. No es sencillo —a una edad poéticamente temprana— aventurarse en poemas narrativos más o menos largos, sin que el armazón se venga al suelo. Jesús lo consigue con prodigiosa facilidad y ordena los elementos del poema para que asciendan siempre en la dirección correcta. Es decir, el poeta sabe a dónde nos quiere llevar y el tipo de emociones que busca generar en el lector. Eso no es poca cosa.

Nos encontramos por otro lado ante un libro compacto, sin fisuras, algo que denota dos virtudes no muy corrientes en un poeta primerizo: la paciencia y la pulcritud. Se pueden advertir en el ordenamiento y, sobre todo, en el tono macerado de los poemas que Jesús ha trabajado el libro durante largos años hasta entregar a la imprenta el fruto exacto de su esfuerzo. *El abecedario de la golondrina* no es una colección de poemas más o menos cohesionada, sino un libro que se sabe libro y por eso mismo se le ofrece al lector en bloque, sin pausas ni compartimentos estancos.

Me gustaría, para terminar, salirme de lo estrictamente poético y recordar al jovencísimo chaval que hace años, después de una lectura de poemas que realicé en Marbella, se acercó a la mesa y se presentó. Se llamaba Jesús, era un poco tímido, muy amable y quería ser poeta. Tenía una mirada limpia y honesta, y al instante supe que no iba de farol. Pues bien, Jesús, ya estás aquí. Este libro te da el pistoletazo de salida. Tus lectores celebramos desde hoy la fiesta de tu poesía. Las páginas que vienen a continuación dan buena cuenta de ello. Que tu golondrina, como aquellas de Bécquer, tenga un vuelo lejano y fructífero, pero lento, sin prisas, que requiere la poesía aves de vuelo pausado.

Alejandro Pedregosa

Eso digo yo

¿Y para cuándo
        Juegos Olímpicos
   a la lluvia,
       a dos llamitas de fuego solitarias
              o al viento?

¿Cuándo darán el Premio Cervantes a un punto de sol
que, alegre,
da chispeantes taconazos en la plazuela
y baila desgarrando su alma diminuta
ante el público ciego?
¿Cuándo quedaremos tú y yo a tomar café con leche con el viento?

«Inmóvil en la luz, pero danzante».
Octavio Paz

LA PALABRA

He dejado por todos los ríos y los trenes
instantes de mi vida a la palabra.
La palabra.
La que sabe a antiguo y la moderna;
la que tiene forma rectangular y la redonda;
la transparente;
la que paseaba en una diligencia,
aspa de luz, bahía de mis sueños,
y ahora se pierde en los aviones,
los trenes, el *jazz* o tu cuerpo.
Gas, relámpago,
explosión en dos mundos divididos.
Es mi sangre
la palabra,
la que brota en el jardín soleado tras el primer bostezo del día
(ayer vi una brizna de hierba llamada oportunidad…).
Astro errante, camino;
la que sueña tu sueño en las llamas verdes del silencio;
la que nace en el viento de mi pensamiento.
Niebla, flor de nubes,
frescor de melodía.
Es trigo
la palabra.

La letra A cae de mi lengua al suelo y crea agua.
La letra M rebota en las esquinas y es ya un pájaro.
La letra O cae hacia arriba y es un sol amarillo y diminuto
		la palabra.

Ábreme una palabra con forma de cerveza.
Estoy saboreando la espuma en mis oídos.
Colorea una taza de violeta al pronunciar la palabra violeta,
que la nube que cruza en mitad del cielo sienta tu mirada.
Atraviesa la palabra tiempo con un cúter y escucha atentamente
						su crujido.
Estrella rota en la noche,
galeón a la deriva,
pinta las calles color de ánimo,
color de día alegre para muchacha triste.
Pero vamos,
habla
o se seca la palabra.
Di cóndor, di hoguera o profecía,
dile puta o Virginia.
Abre tu camisa,
hola, soy médico:
con un relámpago de sílabas invisibles despertarás de tu infarto.
Tras haber sido pronunciadas,
las palabras
desaparecen como pompas en el aire:
redondas, inquietas, infantiles.
En la radio de mi corazón suena un himno: *You'll never walk alone*.
Palabra.

«*En la torre amarilla, dobla una campana*».
Federico García Lorca

CAMPANAS

Se ha marchado: el reflejo de una cometa en un charco.

Camino cabizbajo por la acera,
sin destino pero con perfume,
entre semáforos como burdeles.
El altavoz repite: llega el afilador.
Y mi aliento: atrapado en lanzas sucias
con punta de madera carcomida.
Sueño con la plaza envuelta en llamas.
El *whisky* sabe de qué hablo.

Un fantasma entra y sale de mi pared.
¿Fumará de mi pipa?

Me desfila una lágrima en el rostro.
A hombros la dejé en su nueva casa:
cipreses, pasillos blancos, la escalera…
Mi gorra negra suda; ella aún me anhela.
Huele a podrido; es su corazón.

Se ha marchado: temblor de mariposa.
La tensa valla entre sentir y vengar.

Pisó el bastón la zanja de la duda.
A su paso refulge en el camino
la tarde, tan cobarde, tan seca y tan callada,
alimentando un látigo de soledad.
¿Por qué atas su huella al espino?
¿Seré merecedor de un ataque divino?

El crujir de la noche en la madera.
Su voz pétalo rosa ya no era.
Ahora, aquí, ocho arrugas en mi traje impoluto
que ayer era de noche y es de luto.

Las campanas azotan mi azotea.
Campanas que silencian el silencio,
campanas que planean el adiós
sus coletas de niña pelirroja.
Ah, el afilador se fue sin clientes.
Alguien agita un pañuelo de despedida.
Una familia de grillos canta al unísono.
Un lobo aúlla perdido en la nostalgia.

«La vida será las hojas del viento».
Anónimo

HOJAS DE VIENTO

Viento, llévame.
Llévame contigo, viento.
Hazme tuyo
cuando las campanas doradas
lloren mi nombre.
Viento, llévame.
Llévame contigo, viento.
Hazme tuyo
cuando las palomas blancas de la iglesia
huyan,
bajo rayos de sol o de lluvia,
hasta lejanos puertos y océanos
a susurrar al oído
mi muerte
a las sirenas.
Llévame ese día contigo, viento.
Llévame ese día contigo,
álzame,
levántame de entre las ruinas,
recógeme en un trozo de mi sombra,
viento.
Quiero besar en la mejilla a todos los pasajeros del tren.

Limpiar con un suspiro dos estrellas.
Rascar vieja pintura a las farolas.
Dialogar con las almas de los árboles.
Soplar al color gris. A la tristeza.
Ser el cómplice del sol en su huída.
Y esto te lo prometo, viento:
arrojaré al fuego
cada palabra
que no hable de amor.
(¿Acaso existen palabras que no hablan de amor?).

Quiero ser flor, viento,
quiero ser la luz.
Viento,
quiero ser
tu mediodía.

CUANDO SE VA EL SOL

Cuando se va el sol, se vuelve naranja el mundo y nace una estrella.

Cuando se va el sol, extiende la noche sus alas blancas, duermen en nidos de árbol siete notas musicales y suena en el desierto del aire un llanto lejano.

Cuando se va el sol, las lagartijas huyen caprichosas hacia el calor último de los asfaltos encendidos.

Cuando se va el sol, las viejas tienden el pasado y el futuro sobre el tendedero y, como la verdad, cabizbaja, planchan besos y silencios y lloran por las hélices de los molinos las heridas de los unicornios.

Pero cuando se va el sol y no estás conmigo,

y ni tan siquiera sigues mis pasos con tu mirada tierna, con tu mirada amiga,

rayos y más rayos en mi alma.

Acompaño este silencio con otro silencio.

«He perdido mi vista, olfato, oído, gusto y tacto.
¿Cómo habría de usarlos para estar más cerca de ti?».
T. S. Eliot

RENACIMIENTO

I
Y entras aquí
desnuda,
muda,
ruda,
como un hábil gato persa
que araña la cortina de los días,
que hace música o que hace ruido
(oh silencio, yo sin ti...).

Tienes los ojos de Siena y sus calles,
un trozo del Big Ben tras la pupila,
un río verde donde arden los años,
una reunión de lechuzas soplando frío,
un girasol y una Torre Gemela.
Patio de albas que porta dos rubíes,
colibrí desplumado en tus pestañas,
pájaro celeste que pía,
rayo de hierba que da tu aroma,
cúspide de todas las pirámides,
sílaba última en mi boca,
gota de agua en el desierto,

en el desván,
en la mesa de hierro,
en la hoja seca de un árbol seco.
Lo que hay entre tú y yo
es una conexión inconexa.
Y apagas con el dedo el último acorde de Mozart,
la quiebra de la bolsa y los tomates,
las flores del policía al condenado.
Bahía, bahía, bahía,
en tu ojo izquierdo bahía *jazz* el universo,
estallan cuatro lunas en tu iris;
mi voz ronca,
el disco de vinilo de los Beatles
(en serio, muy en el fondo,
detrás de la cortina de agua,
lo escuché anoche en mi pecho mientras dormías).
¿Seguirán vivas las cigüeñas
que anidan los focos
de un estadio de Sevilla?

Explota en color tu iris.
En tu iris se refugia el silencio.
El silencio flota en ciudad París.
El silencio flota ahora ante mí.
Tu iris es el idioma del silencio,
es el horizonte de todas mis vidas,
un Partenón de otra galaxia,
una puerta de oro abierta al paraíso,
una hoguera,
una copa de *whisky*, dos hielos.

Rayuela.
¡Silencio! *Silence!*
Je suis un homme
y
se bañan dos mujeres en el bosque.
Quiero ser el único
que te coma
la palabra.

II
Tus
dos
ojos negros,
hijos de Neptuno,
hijos de una liebre de agua,
hijos del zar,
fundadores del sol y la galaxia,
pan grial reflejado en el río Nilo,
pan grial bajo los párpados del misterio,
pan seco.
Remángate la vida, hija mía,
remángate los sueños,
remángate la alegría de existir,
los pies, la sonrisa oculta tras la página.
Cuenta los dedos secos del otoño,
los *e-mails* de tu abuela,
los regalos, las hormigas,
las velas blancas de tu vigésimo cumpleaños
y siente los atardeceres, las calles, los pueblos,
los animales que corren en un beso.

Pero ¿y qué clase de animales corren en un beso?
¿Elefantes, cigüeñas, amapolas?
Dime a qué huele el 24 de diciembre de 2027,
dime si tus labios sabrán ese día a mojito
o si llorarás una canción en mis rodillas.
Dímelo, rosa. Hermosa rosa, dímelo.
Lánzate a las piedras del universo.
Ama a las abejas. Piérdete en sus playas.
Bebe mi huella.
Oh, búscame en la nieve.

III

¿Cómo condensar el océano en una sola botella?
¿Cómo concentrar el universo en una sola palabra?
La vida es una ola:
hola, ola, hola.
La muerte es una tuerta:
erta, erta, erta.
Palabra.
Café.
¡Consonante!
SILENCIO.
Ahora no, mamá. Estoy escribiendo en mi cuarto el primer bosque
de mi vida.

IV

Algún día, ese martes tarde quizá,
con mi sacacorchos profesional
sacaré
un trozo de cráneo limpio de aquel viejo calvo

y con ojos de niño, asombrado,
miraré las estrellas que se esconden
tras ese cilindro diminuto:
más allá de nuestros cuerpos
el universo suspira.
Camino solo por el universo
                    (con bastón).
El río del universo camina en mí.
Yo soy mi camino.
Yo soy el universo.
Yo soy.
El universo es.
Universo es camino.
Camino es universo.
La Vía Láctea juega en mi estómago
como un niño descalzo a las canicas:
centro solar del Tao, espíritu.
La existencia, a veces casi invisible,
mueve durante la vida hilos de luz
dejados caer por nuestra conciencia.
Soy esta brizna de hierba húmeda que ves en tu mano
y te suspira,
la mirada cálida de Mandela tras la ventana en Robert Island.
Vivo cuando muero y muero cuando vivo.
No nazco ni fallezco;
soy eterno, soy el universo
                    (con bastón).
No soy español, no soy poeta,
no soy hombre, no soy europeo:
simplemente soy. Y me basta. Y sonrío.

En lo alto de un peñasco de sol un águila vuela.
Fin del poema.

Al poeta mejicano Jaime Sabines
y a una chica.

NO ES TU CUERPO

No es tu cuerpo, amor.
No es tu cuerpo.
No es tu cuerpo, que al probarlo me devora;
no es tu boca, donde muere la sed, no amor;
no es tu cuerpo,
que, al tocarlo con mi mano sobre la hierba, se transforma en
cisne o trompeta.
No son tus pies
ni tu cabello rizado
ni tus ojos.
Tampoco tu hermosa forma de llamar al taxi
(firme y delicada, despistada)
ni tu voz dulce como el agua dulce.
Es la lluvia que quema las estatuas:
una lluvia fina que nace de ti, una lluvia fina que nace de mí.
¿Es el silencio
la lluvia coloreada de los árboles?

En tu ojo izquierdo nace mi camino
y en él una anciana vestida de negro,
junto al río,
me pregunta, lavando sábanas blancas,

que a dónde voy.
¿A dónde voy a ir, señora?
A cualquier sitio menos a su cuerpo;
a cualquier puerto, pero no ahí.
Nunca. Imposible. Al cuerpo de ella no.
Que me parta un rayo ahora,
que el rayo no me haga daño,
que el rayo me quiera,
que el rayo seas tú.
Ay, amor, pero cómo me tienes.
Como dos conchas marinas son tus pechos,
como un campo de trigo son tus brazos.
¡Como un campo de trigo, amor!
Si es que nada me gusta de ti:
ni tu mirada
ni tus axilas
ni tus alientos. ¡Nada!
Tampoco tu hermosa forma de llamar al taxi
(firme y delicada, despistada).
Ay, amor. Ven, no pases frío. Abrázame.

Y no me grites,
que soy yo: tu cielo, tu Tinky Winky,
el que te roba en marzo las braguitas
y te dice que ha sido la luna;
el que dice que no es tu cuerpo
y en realidad lo ama.
Tu cuerpo aúlla días sin mi cuerpo.
Trepo por tus piernas como las yedras

(llueven).
En la orilla desierta de una galaxia lejana,
un niño duerme acurrucado
junto al río.
Yo soy ese niño sin ti.
Tú eres ese río sin mí.
Ay, amor. Espera. Una cosa.
Ahora que lo pienso:
¿no será que
mi lengua es la palabra y tus besos las esdrújulas?

HOJARASCA: MI PATRIA

Parte I
Frente al Congreso de los Diputados
bailo
y como un bocadillo de tortilla.
Lo mastico. No sabe a nada.
Sólo sabe el aire.
Son las seis y cuarto.
Una nube cuelga
de mi nariz.
Estornudo.
　　—¡Achís!
Unas caricias no estarían mal.
No, Jesús, unas caricias no estarían nada mal.

Parte II
Frente al Congreso de los Diputados
bailo
y como un bocadillo de caricias.
No saben a nada.
No saben a trenes, a *jazz* o a fresas;
no saben a pájaros.
A galletas sin azúcar quizá,
pero no a trenes ni a jazz ni a fresas;
no saben a pájaros.
Hace frío.
Una idea

cuelga ahora de mi nariz.
Estornudo dos veces.
   —¡Achís! ¡Eeeachís!
Un bocadillo de tortilla no estaría mal.
No, Jesús, un bocadillo de tortilla
no estaría nada mal.

EL SONIDO NEGRO DE LOS BARCOS

El sonido negro de los barcos,
que choca contra el musgo de las rocas,
deja restos de sirenas por sus aguas
cuando da un paso adelante,
se da la vuelta,
murmura el silencio
y muere.

«He tendido cuerdas de campanario a campanario;
guirnaldas de ventana a ventana;
cadenas de oro de estrella a estrella, y bailo».
Rimbaud

SAMBA

Estar sin estar.

Sí. Tanto como subir una palmera para limpiar un coco y comerte la corteza o como freír unas tijeras. Una banana verde es una banana vergonzosa: al tiempo de cortar su timidez, se relaja y coge su amarillo latino. El granizo que cayó en la coronilla. ¿Despertar? No, no tengo reloj ni quiero tenerlo. ¿De qué sirve el cuerpo si la mente está en Saturno? ¡Qué arandela! ¡Qué sombrero de copa! ¡Con qué exactitud adorna a la yema cocida!

Vuela, oh pájaro nacido de los mares. Vuela hasta un nido de pasión y acaricia la piel de mi cascarón.

Sal, pimienta de azúcar. Abanica mi pecho, mi caminar, mi sombra. Saborea la cereza de nuestros labios y apaga la lamparita, no la quiero. Es muy mirona y sólo yo quiero mirarte. Y que tú me abrigues. Que baje el rocío de mi lengua por la noria de tu oreja y se balancee en el tobogán de tu espalda. Besitos con la nariz, sonrisas sin lágrimas.

El traje verde del sexo se desnudó en verde oscuro y mis zarpas aspiraron el gemido de tu aroma. Naranjas exprimidas, café, esponja emanas del roce.

Cruzar juntos el hilo invisible de un acantilado sin necesidad de mapas, brújulas o reglas. Y vuelvo a girar por el universo. Canica del alma. No hay estrellas; todas alumbran nuestro techo, acurrucaditas como arañas. Sí que veo un cometa, que se desinfla poco a poco, quedando en un globo sin aire, sin pulmón. Fortuna. No fumo tabaco.

Pero ¿cómo puedo navegar por el espacio sin oxígeno? ¿Cómo probar la uva sin queso? ¿Seré el más afortunado de los pobres?

Por favor, hagamos un sándwich en nuestro honor.

FLORES DE OTOÑO

Un violín, doce fresas, un vals,
la habitación vacía,
dos velas blancas que se apagan,
una canción de tornillos en el champán,
un ramo de errores en agua,
una llamada al niño que no fui,
la conversión de este beso en dos pájaros.

El humo frío de cristal,
que cubre las lechugas y los puertos,
que roza los zapatos de los cables,
que salta en la panza de los charcos,
que crece con la noche y en la noche,
sale de mi esqueleto por mi boca.

Yo soy pobre
y me guiña una farola de Nueva York.
Chispeas dentro de mi cerebro
como el viento goteando en la rama.
Eres la natación sincronizada de trigo y aire,
la última gota de la galaxia,
el susurro de una niña a los ángeles,
la explosión de una orquesta en la bomba atómica.

El vientre de las olas gime en el cielo y canta.
El cuerpo del pan, el cuerpo del vino.

Ruedan como naipes al aire las bolsas eléctricas.
Arden seis cuadros en un *pub* irlandés
y como por una nube,
como por tus pechos,
baja un río de escaleras en la noche.

Una máquina de coser es la poesía,
una botella vacía, otoño y estrella;
la leña mojada de aquella tarde
que arde en esta bruja en la plaza gris.
Chopos dislocados por el aire,
cuerpos alocados por la geometría.
Somos el número que no existe,
la historia de un beso inacabado
que congela en el cielo su flecha y muere París
en este octubre de invierno,
donde niñas negras sonrientes
se lanzan
pequeñas bolas blancas de amistad.

El labio violeta y la mano trémula
de una niña de noventa años
que abraza en blanco y negro la fotografía de su padre,
mordida por mil fusiles y huesos de pájaro.

CHANEL Nº 7

¿Y tú me dices por qué bebo?
El marciano toca la flauta del aire.
Estas piezas no encajan porque sí.
Una vela de gas besa la fruta.
La razón no entiende de cerebros
y tú rompes las rodillas del temor.
Ay, rosa de arroz sobre valles caídos.
Tu vestido desabrocha el viento
y permaneces libre, inmóvil,
desnuda en hojas secas
frente a un mar alzado en dos mitades:
verde latir de un mundo que termina.
Pero vuelve al bebé la lágrima
que escupe el chupete y siente
que le está saliendo el diente.
En el mar
la luna es una niña que llora:
hagámosle cosquillas en los pies.

CIEGO PINTOR

Imagina un ciego pintor
                        las nubes antiguas:
las griegas, las romanas, las españolas…
Mira, ciego, mira,
espejo en el agua, blancura de los campos.
Mira caer el agua de mi fuente,
mira la noche edificada.
En la soledad blanca de la noche
canté mis versos al sol del viento,
bailé, miré a través de los ojos menudos de los monos
y vi la luna.
Ahí supe que eras el silencio.
Condúceme, adiéstrame,
llévame a conocer
los secretos
misterios de las uvas.
Cuando suena un perfume viejo en el aire
y es una canción,
un beso de despedida en un puerto.
Tiempo que muerdes tiempo y saboreas tiempo,
tiempo de vida y tiempo de muerte.
He descubierto
la distancia exacta entre tu labio y una estrella.

> *«Cada moneda perdida es una golondrina de espaldas*
> *posada sobre la luz de un pararrayos».*
> Juan Carlos Mestre

CONÍFERAS VACÍAS

Examinas, examino. Tú que bordas ventanas en los cuerpos. Reencuentro de un cadáver, escamas del pasado. Ahí, despacito, como el caracol pensativo que se desgasta por el suelo. Me apresuré de no haberle dicho aquello. Machetes afilados que salen de las flores y saludan al día. Rápidos y eternos labradores de la oportunidad.

Tu mordisco en la esquina de la tarde. Doce horas y veintitrés minutos cuenta una monja al pasar. Una avispa sale del libro buscando incógnitas.

Cuatro tejas se sueltan a la nada, un adiós sonoro. Se me empañaron las gafas de sólo imaginarnos en la ducha. Aunque tú juegas a no jugar. No dejas que me coloque detrás y te susurre al oído cómo has de lanzar en el billar. Ni que seamos gatos con su ovillo, que, por cierto, es ese ovillo y no otro.

La seducción de la cortina blanca con la brisa que va y nos dice: «Ven a mí… Ven a mí…». Labor de máquinas tragaperras. Pero coges la chaqueta y te vas a ver caras nuevas por la calle.

Por pasar de aquel chicle se me encariñó al zapato. ¿Cuánto anduvo a la intemperie hasta sentir el calor de algo? Un tambor reclama mi atención. El viejo que habla solo para sentirse escuchado. Lo ves tan inocente y tan pequeño. Burbuja de la familia.

El signo de interrogación se pregunta por qué flota en suspensión y por qué la exclamación es finísima:

—¿Soy ingrávido? ¿Soy ingrávido? ¿Soy ingrávido?, se pregunta una y otra vez.

Según alguien, los lunes son redondos.

«Lleva siempre un frasquito del aire de la luna
para cuando te ahogues
y dale la llave de la luna
a los presos y a los desencantados».
Jaime Sabines

LUNA

Oh luna de terciopelo y de diamante,
esperanza de las estrellas,
alba,
violín encantador de las sirenas,
silencio de plata,
ojo dormido en mitad del océano,
ojo pluma, ojo agua, ojo viento;
es tu música todos los ríos
y son todos los ríos mi sangre,
mi mar de nieve,
     mi salvación.
Te escribo ahora un poema, luna.
Eres al mundo un suspiro de marfil, silencio y agua.
Agua de silencio es tu vientre.
Silencio es el agua de tu poesía.
Hoja de sueño, uva, miel,
espejo;
una gota de agua se desliza por la música,
por mis mejillas.

Soy silencio… y canto a la luna,
corazón de paz en el que nado,
esfera del alma en la que habito.
Seguid con vuestros poemas, seguid escribiendo.
Luna: salto de agua, catarata de fuego,
futuro.

EL CUBO

Quisiera proponerle ahora un juego:

Quisiera que agarrase un cubo vacío para llenarlo rápidamente de palabras y comérnoslas una a una. Por ejemplo, metemos la mano derecha dentro del cubo, las movemos rápidamente para que se entremezclen entre sí y, de todas, la primera palabra suelta que cogemos es:

Pasión. Nos transformaremos al probar esta crujiente palabra, rellena de fresas con chocolate, de tiernas y refrescantes corrientes de agua de dos lenguas que se sienten libres, que se tocan suaves, que son mudas para hablar entre sí y aun así ni hablan; rozándose entre los dientes corren estas dos lenguas que se segregan burbujitas de morbo y se dan latigazos de frenesí, comiéndose la una a la otra y la otra a la una, saboreando el haberte conocido y divirtiéndose en el terrorífico juego del fuego, el que siempre vive y revive durante unas horas deliberadamente húmedas.

Observar. Tardaremos más de seis horas en almorzar esta palabra. Palparemos cada letra con la yema del dedo índice, miraremos a la letra b como quien mira por el periscopio de un submarino amarillo y lo ve. La palabra está. ¿Quién ha inventado esto que nos golpea como pelotas de tenis? Y giraremos la palabra hasta comprender su origen y lamer el caramelo de sus pies, su voz, su olor, su color, la luz original de un sabor único.

«Ven a dormir conmigo: no haremos el amor,
él nos hará».
Julio Cortázar

PARÍS, *OH LÀ LÀ*

Bajo un paraguas color sorpresa llegamos al bar a la hora de probar el periódico y leer el café. René, René, desvirguemos esta taza azul que nos aguarda como una carta. Desde que te conocí siempre fuiste muy ludópata y no por ir al casino, sino porque te encantan las lupas. Como en la tarde soleada del pícnic, cuando sobre el mantel descubriste en mi nariz a un ciempiés al que le faltaba una pata. O como esas tranquilas madrugadas de otoño, cuando con un chupachups te sientas frente al Sena a escuchar el rápido movimiento de los peces y a señalar con tu dedito

las huellas dactilares del agua.

Ahora viajamos entre risas en una camioneta roja y vieja, con el motor de radio, algo de *whisky* y este olor intenso a naturaleza; y quizá, con tanto autostop, cuando lleguemos a París te bese el cuello y me suba en ti a caballito por los adoquines mojados de Notre Dame.

¿Le apetece bailar un vals?

La Osa Menor abre su ojo central y nos ilumina besándonos en mitad de París, entre coches de policía y semáforos en verde. La Osa Mayor abre sus labios y me ilumina adentrándome en el sendero de tu lengua.

Quisiera comerte como con una cucharita, lamer los lunarcitos de cacao que endulzan tu piel de nata y, ya en el hotel, bajo la atenta mirada de la Torre Eiffel, jugar desnudos al pillapilla y hacer el amor hasta que un saxofón de la calle nos despierte. Que la noche se derrita en tu mano. Y es que ansío mordisquear tu música, sentir tu suave balada por mis nalgas y denunciar juntos en una lancha

la matanza de ballenas.

TU CUERPO Y MI LENGUA

Que se balancee mi lengua en ti, que se balancee en tus dos pechos que aprietan al arcoíris; que baje mi lengua por ti, que suba mi lengua por ti, que baje y que suba mi lengua por tus tobillos como un ejército de hormigas que trepa en fila por tus piernas y que delicadamente sube y baja y sube y baja por tu brazo desnudo como un río de flores y de peces descendiendo la montaña. Pero que no pare esto y que suba la lengua, que suba la lengua un poquito más, que suba la lengua unos centímetros más, un poco más allá de ti y de mí, más allá de nuestros cuerpos y de nuestra boca; que baje, que suba y se arroje desde el collar de tu cuello al vacío como un pato amarillo afligido en las aguas del Niágara, y que suba ahora ese pato amarillo con esa lengua, que suban los dos saltando de la mano, que suban los dos corriendo y se resbalen y caigan al centro exacto de tu ombligo como dos diminutas gotas de agua. Y es que, amor, *mon amour*, eres un melocotón dulce para la noche violeta en este cuarto de hotel que se balancea dentro de ti, en esta lámpara de velas encendidas que se balancea dentro de ti, muy dentro de ti, tan dentro de tu cuerpo como una paloma blanca de caricias que picotea en el sol mojado de tu ventana. Y ahora lancémonos usted y yo por el barranco, lancémonos como gotas de sudor de dragón o de éxtasis, los poros secos de la lengua seca, las risas exóticas, el osito de peluche oscuro al filo de la cama, tus pies, tus manos, tus alas, el instante. Tú y yo siempre, tú y yo nunca, tú y yo AHORA; tú y yo creamos electricidad, tú y yo fabricamos electricidad. Mi lengua es de luz, *mon amour*, mi lengua es luz; todos los perros somos luz: la vieja pianista húngara del quinto piso es luz, la rueda trasera de mi bicicleta rosa es luz, la luna menguante y su guitarra flamenca son de luz. Hasta todos los países del mundo, uno por uno, son luz —farolas, coches, árboles— y toda la hojarasca de las galaxias conocidas y por haber, y todos los patos amarillos que cruzan solos la carretera, y todas las hormiguitas que andan nerviosas por el jardín o en la cocina.

Y es que, amor, melocotoncito mío, lo que quiero es que sepas que en este preciso instante —justo ahora— todo el planeta Tierra está trepando despacito por tu cuello —incluso una isla remota, *mon amour*—. Quiero que sepas que todo el universo se funde con mi alma en la punta de mi lengua cuando te beso; una lengua roja que sube y que baja ya sin fuerzas, pero que sube y baja y sube y baja y explota al fin entre tus pezones como una granada de confeti que se arrastra débilmente por tu cintura y que, casi ya sin eco y sin aire, lame cien pompas de vapor

en la noche infinita.

> *«Aquí te amo.*
> *En los oscuros pinos se desenreda el viento».*
> Pablo Neruda

NUBE ROSA

Y sabes que lo haré:
te regalaré un collar de mariposas para que vueles hacia
ningún lugar.
No hay péndulo que te hipnotice, ninfa,
cabellos de relámpago,
ojos de melón.
Siempre fuiste el bastón
                  que nunca tuve.
Eres una pequeña pestaña voladora,
la pestaña
que salta libre de su caverna
y viaja sonriente
en la alfombra del viento.
Te encanta pensar la lluvia con los animales,
observando el adiós de las lágrimas,
sus chillidos al caer contra el suelo,
sus suspiros por nutrir a los árboles.
Es el concierto de las gotas bajo un manto de frío y amistad.
Ahora, tras una pluma de bádminton,
escondo la sonrisa de mis humillaciones.
Parezco un trozo de carne en la basura,
mojado de semen y de tinta.

LÁGRIMA NEGRA, VOLÁ

En una plaza circular con rosas espinosas en las esquinas chamuscadas de sol, lágrima negra corre con sus dientecillos detrás de gorriones con miguitas de pan en el pico; la luz y la sombra de marzo como oleaje primaveral se mueven; en la fachada blanca de la iglesia, la sombra zigzagueante de un árbol caído.

Volá, lágrima negra. Volá, volá.

Lágrima negra, volá. Ayer te dejaste el gas encendido toda la noche y eso no me gusta. Te querés ir. Yo sé que te querés ir, pero antes de partir, antes de expirar sola rumbo a lo desconocido, antes de rodar como una canica hasta los pies de God —como decía abuelita, siempre hasta los pies de God— espérame.

Lágrima negra, esos dientecillos puntiagudos y afilados que te compraste no me gustan nada. Te lo dije en su día y pasaste de mí como un caracol, un caracol que estará ahora agarrándose a una pared blanca contra el viento y quizá le suene en sus antenitas algo de *jazz* y después se vaya el mundo al garete, y después tú y después yo. Lágrima negra, cambiátela ya. Bueno, si querés. Adoro los gorriones en las plazas. Son tan hermosos y cariñosos los gorriones en las plazas… Me recuerdan a ti de jovencita, ¿sabés?

¿Qué lechuga comiste para vivir así?…

Lágrima negra, aún resuenan en las bombillas del barrio tus súplicas… y en el cuarto lleno de mierda sin ventanas, en el espejo redondo del baño de las lamentaciones, en la mecedora chirriante del salón, junto al perro guardián y su escopeta, llorando en la cama, siempre solitaria, siempre sola esa cama, siempre solitaria en cama, volá; en el jardín lleno de estalactitas y de estalagmitas por el hielo de los años, en el huerto seco de las caricias, de un amor, de una novela; en la violenta pista horizontal de sus largos ojos grises y translúcidos —nunca vi unos ojos tan grises como los de aquella señora—, en el desván lleno de ratas de un barco español encallado en una rotonda perdida en Centroamérica, en las seis cuerdas casi rotas (la esperaban a ella) de la guitarra que regaló a su hijo asesinado por un yanqui, en las tristes notas musicales que una gaviota del pueblo pregonaba todas las tardes con su cántico profético desde una antena parabólica, en el estricto luto por su marido —seis años de luto, casi nada, volá— y en el parque infantil donde dos ancianos besándose, y en las cartas perfumadas donde dos ancianos mirándose, y en la extraña desaparición de su «Trencitas», estudiante de Química en México, Ayotzinapa; y en la soledad, en la más absoluta soledad malparida *hijademilputas* que te persigue. Pero ¿qué comiste, lechuga? ¿Qué tocaste, rosita? Volá, volá ahora que podés.

Ella ahora libre en el cielo.

Ella ahora raíces y pájaros.

Volá, pequeña, volá. Volá siempre hacia las estrellas. Volá, lágrima negra, volá.

En una plaza circular con rosas espinosas en las esquinas chamuscadas de sol, lágrima negra rueda despacio hacia el centro, siempre tan opaca y redonda. De pronto mira una nube, agacha la cabecita negra entre sus piernas y poco a poco empieza a levitar. En mitad del cielo, al cabo de unos segundos, una lágrima se evapora.

JEROGLÍFICO INFAME

Letras indelebles, piel, soles, osos, hojas de viento, seis gotas verdes esparcidas en torno a una hoja de cálculo, en torno a un candil una novela, una mujer desnuda acaricia la tarde, un tigre de bengala es la luna. Invento días, horas, olas, meses, soles, siglos, minutos, caricias como noches enteras sin más mundo que un poema es tu cuerpo una vela de llama amarilla en mi mente brilla mi alma, un chorro de luz y de agua tus labios: pájaros, hojas de árbol que aúllan soledades, lavanda de música tus pies manzana, mujer con el alma devorada de la mar, cuerpos dorados al sol de la mentira, al sol de la verdad no dicha ni escrita, al sol blanco del junio blanco, agonía blanca, lunes blanco, tarde blanca, llueve blanco, ha sido el blanco Mustafá, cinco años he muerto, una bomba en mi mano izquierda cayó. Fin de la historia, agur. Noticias deportivas, agur. Tiempo seco, veranos helados, agur. Copas gratis, biquinis transparentes, agur, agur. Un puñado de marineros irlandeses incendian bosques, vocales en remojo, redes de profecías mayas, aztecas, cristianas, árabes, hindús. A E I O U, las cinco vocales incendiadas se disputan enfadadas con espadas afiladas la mano derecha de la princesa Poesía expulsa arterias misteriosas, tramposas, frondosas mariposas olorosas jeroglíficas. Arde súbitamente, papiro. Quema mis dedos, ojos de agua. Borra mi nombre, fuente de mis contradicciones. En el Lago Ness late Picasso, en la estrecha calle judería de Málaga pinzas diminutas cuelgan de una cuerda; labios secos que no besan, días, rosas, nubes rotas, parcheadas, abiertas; dibujada, desdibujada, Una jirafa muerde un sueño: mi pensamiento. Mañana por la mañana saldré con un olivo a pasear, le prepararé una taza de té. Ven, té, bailaremos un tango. Una plaza centenaria, luna nueva de la pasión, luna incesante del olvido. Flota la palabra, flota el instante; un arbolito, un velero, una hormiguita en el universo soy alma de perro tiene un jardín. Ladra, mujer, tierra de mar vestida de actos y de un sueño derretido en una cama deshecha mi ojo izquierdo, un pantano; en la pared rojiza dos abejas se besan, llamas de fuego fulgurantes que se miran, puntas de fuego parpadeantes que se tocan, sombras parlantes que no dicen inventan dos amantes, dos serpientes, dos mordiscos en el cuello, la oreja en el pubis, el pie derecho en la boca, entre tus piernas música *rock reggae* metal pop *jazz* rap *funk* clásica sangre bombea tu colmillo, una esquina perdida del alma, puente de luz que cruza a otro puente, espuma dividida en mil pedazos, océano rosa del mundo, tobogán, timón alocado del deseo, sombras que devoran personas que reflejan inocencias que beben tempestades que escupen frente al espejo dientes; indecisiones, luz rojiza que corta al tiempo en dos, tres, cuatro, seis, diecinueve puertas, madera abierta a lo desconocido, sábana blanca, oscura ciudad dormida en mi mano. Es madrugada, ángeles rubios rozan mi oído. Lame las paredes, puta; tócame, calenturienta. Tu coño puéblalo de estrellas, cicatriz original, palabra húmeda, raíz del maíz puro, explosivo letal, paraíso sideral naciente, creciente, viviente. Sin ti sobrevivo a camas sin rumbo, horizonte derretido, luz caída, alba rosa tu pezón, bosteza en tus ojos infinitos la palabra, agua que suspira y aspira ahora y por siempre la verdad, el mundo.

MI CUERPO

Tengo un pájaro azul bajo mi párpado derecho.
Mis pulmones son dos alas de ángel en mitad de la noche.
El dedo gordo de mi pie izquierdo es un puro río de agua.
Hay una nota musical en mi intestino delgado:
(parece estar hecha de plata y tiene forma de U).
Todos los bosques son mi mirada.
Tus ojos son dos soles reversibles con la luna.
Mi lengua, extendida y
                        abierta,
es el Gran Cañón del Colorado, donde piedras prehistóricas beben
oraciones
y días en el aire estallan.
Este es mi cuerpo infinito…
¿Y el tuyo?

«*El silencio es una fuente de gran fortaleza*».
Lao Tse

¿DÓNDE PUSE MI SILENCIO?

¿Dónde puse mi silencio?
Sobre la mesita de noche,
               en el cuartel,
en la caja vacía de las gafas,
bajo los asientos de mi coche rojo,
en el sofá,
detrás de estas palabras estúpidas
que no dicen nada;
perdido y desorientado
en conversaciones convencionales
de gente convencional
            en clubes convencionales.
Café,
¿dónde puse mi silencio?

Sueño invertebrado

¿Qué hago con la poesía?

Si me llama de noche y no la quiero, si me golpea con los nudillos en la puerta verde del sueño y me hago el despistado, el que está tonto, el que escuchaba en el baño un disco de *jazz*, el que leía una revista sobre cine francés en el jardín o el que conduce un Porsche rojo hacia la luna.

¿A qué vienes a estas horas, poesía? Vete a comer lentejas. Déjame y vete. Vete ya de aquí, vete ya de mí. Olvídame, chica; olvídame por un minuto. Olvídame por tan sólo un minuto y te presentaré otros poetas, hombres y mujeres del continente, a quienes aún no conociste: un elegante frutero italiano que memorice versos entre carga y descarga, una joven holandesa rubia que moje una vocal negra en la cerveza tibia y se la coma (si prefieres, incluso hasta una consonante) o un jubilado portugués que, bajo una lluvia intensa de Lisboa, dé comida a las palomas del parque. Prueba por un día, por tan sólo un día, y me dirás. Y es que, tía; es que, joder, eres más cansina que la muerte, más pesada que siete cabezas de vaca en mis bolsillos. Déjame y vete, vete sola a tus fríos aposentos (seguro que tienen forma de cárcel y una margarita blanca entre dos barrotes), llora sola en el hombro blanco de la noche. O no, mejor prepárame una taza de té.

¡Ah! Chismosa, fea, promiscua, embustera, chismosa, fea, promiscua, embustera, batidora, fresas, batidora, nata, batidora y fresa y nata y estrella. ¡Déjame! ¡Déjame en paz! ¡Déjame vivir! Ahora estoy ocupado y no la quiero. Y no la quiero precisamente porque estoy con usted, abrazado con mis pies fríos a usted, alejados de los focos transparentes que rodean la ciudad, de pie, charlando con una gotita de agua agarrada a la ramita de un árbol o saltando desnudos en la noche al lago a oír planetas.

Poesía, ¿quién eres tú acaso para levantarme a las seis de la mañana y ponerme el desayuno, los huevos, el diario, los zapatos (ayer te confundiste y me trajiste las babuchas burdeos de mi padre), trayéndome el vaso de agua y las gafas y los pantalones y el café, encendiéndome con el mechero gris un cigarrillo y tirándome del pelo negro, del insomnio, tirándome del pelo negro del insomnio, para venir corriendo sola —sucia, furcia, fea, estúpida, delgaducha y sin duchar—, babeándome de rodillas hasta los pies de mi cama para que pose mi cuerpo (o más bien mi mano) ante un folio en blanco o alguna pizarra a recitar cosas que caminan hacia sitios.

A mí me gustan las cosas que caminan. Quizá por eso me gustas tú.

¡Ay! Pero qué globo rojo perdí en el jardín, qué corchea de agua brilla en la montaña (probablemente en ramita seca de un fresno o colgando de la pata anaranjada de un águila, o quizá lata fuerte tras la suela sucia de un elefante hambriento).

Amor, contigo o sin ti aprendí a caminar, aprendí a buscar El Dorado entre los cajones del sótano, a sonreír a una nube espesa y mojada, a sentir el silencio a telaraña que cubre Notre Dame. Si pudiera por la calle levantar con la yema de los dedos una huella de mujer, estoy seguro de que debajo de la huella temblaría tu nombre.

¿Qué es la poesía? ¿Qué busca la poesía? No sé, supongo que ser abeja o ser perfume o ser silencio, pero si busca la perfección que me sople a ti, que me sople los besos más íntimos de Pekín, con sabor a fruta madura y a estrellas del bosque. Ven y búscame, poesía; acaloradamente ven, rueda despacito hasta la palma de mi mano como un tierno ovillito de lana rosa y tírame ahora del pelo negro, y tírame del insomnio, y tírame del pelo negro del insomnio: trepemos juntos la escalera invisible que sube desde mis sábanas blancas hasta los galeones y las amapolas rojas que brotan en el cielo. Ven a mí mansamente, apresuradamente ven, ven a bailar entre hojas verdes de lluvia y unas cuantas ruedas pinchadas; y ahora, al fin ya juntitos, al fin juntitos y abrazaditos, con los pies desnudos y fríos y calientes como esta tarde de agosto

que pasa como una nube por mi ventana, cojamos desde lo alto de la cama

zanahorias en el mar.

«No soy nada. Nunca seré nada.
No puedo querer ser nada.
Aparte de esto, tengo en mí todos los sueños del mundo».
Fernando Pessoa

YO NO HE VISTO SÓLO JUGAR A MESSI, YO HE LEÍDO EN VIDA A OCTAVIO PAZ.

Acercaos, os contaré un secreto.
(Ayer, al crepúsculo,
miré por la ventana abierta de un bosque y lloré).

Como la sentencia firme del sol en los tejados,
el juez que nunca duda:
el tiempo.

La húmeda luz de los balcones viejos.
El grito rocoso de la mentira.

Yo he visto jóvenes en la cocaína
atentar
contra el corazón verdadero
de los hombres.
Y cómo lloraban sus almas detrás de alguna puerta,
detrás de alguna cortina,
preguntándose si realmente eso era ser libre.

Por rincones inhóspitos
el mundo
ha intentado reencontrarse.
¿Reencontrarse? ¿Borrarse?
Hemos vivido detrás de símbolos y de banderas,
orado a todas horas oraciones, cantado a odas y a modas.
Yo he soñado meditar en una húmeda cueva de bosque
y dar luz.
Ahora estoy en un periodo decadente.
Esta baba forma parte de mí.
Un día nací de la nada,
desnudo aterricé en una cama de la Tierra
y contemplé los ojos verdes de mi mamá:
eran claros, puros, suaves,
como la raíz verdadera e invisible de las cosas.
Ahora, sentado en el sofá,
veo anuncios en televisión.
Lo tengo que decir:
he venido a reescribir la historia del mundo.
En el centro de mí mismo,
un pájaro.
Discuto con mi madre y el mundo
pierde sentido.
Discuto con mi amor y el mundo
pierde sentido.
Lo tengo que decir:
he venido a reescribir la historia del mundo.
Acabo de conocer a un marinero.
Aún no me ha dicho lo que es el agua.

¿Qué es la vida
sino un minutero de latidos soplados por el viento?

Una vez vi caer en una gota de agua
a toda una civilización entera.
He visto caer a griegos y a romanos
y a las siete de la tarde, ya de noche,
clavar al hijo de Dios una corona de espinas.

¿A dónde irás, alma mía, cuando
abandones mi cuerpo?
¿A dónde irás, oro invisible,
                    palmera junto al mar,
cuando deshabites la carne para siempre?

Una joven delgada con la nariz de Góngora
mira entre la luz amarillenta de los libros.
En una sola hoja verde,
la respuesta a la existencia.
Un charco de agua tiene forma de niño.
¿Es un niño un charco de agua?

Dos ancianos señalan las estrellas.
Un rayo de sol cabecea en la piscina.

Y toco tu pelo,
hundo lentamente mi boca en tu pelo
(y, mierda, no me sale la palabra).
Concierto de Aranjuez cuando te pienso,

alas, palmeras, maravillas;
Giralda de Sevilla cuando te miro.
Y sigue con su caminar de vientre amarillo el sol del mundo,
noria de paz y de fuego que gira noblemente alrededor de mi alma.

Y en las fuentes del viento, el alba.
No, yo no he visto sólo jugar a Messi:
yo he leído en vida a Octavio Paz.
Como un mar inquebrantable resquebraja el día y la noche en
dos el sol,
el aire,
el reloj atemporal de las sandías:
hechas todas de fuego, hechas todas de sangre, hechas todas de
nieve,
hechas de mil rayos y de paciencia,
hechas de escupitajos y de hierba, de honestidad,
bajo cuarenta grados en las fincas de mi tierra.
Fragmento de vida que engendra al verano y las cosechas,
sandía,
agua en ti misma eres,
estrella, tierra, terrícola estelar;
vamos, engéndrate, gorda.
Te daré mi corazón como abono.

El sol llora lágrimas de sal en las heridas de un leproso,
rojo collar de perlas para la clavícula de la muerte.
El corazón de Dios es un durazno donde danzan abejas
y unicornios increíbles;
gran ojo invisible que todo lo ves,

sabedor del nombre de la puta y de su origen.
Amigo real,
consciente desde el principio de los tiempos
de las espinas diminutas de las rosas
y de las rosas diminutas de las espinas.
El mercado en su vaivén continúa:
mozos de blanco, carretas, cohetes, especias,
granadas explosivas con sabor Granada,
las almendras fritas
son pompas de nata con sabor a latido,
con sabor a astro,
con sabor al latido digno de los astros.

*[En una esquina de la plaza, Eugenia, señora del gobernador,
reclama dos euros
al vendedor negro de tirantes y bragas grandes].*

Bajo la nube de color que envuelve tus mejillas
escribo.
He nacido más allá de la muralla,
más allá del escudo verde de la noche.
La lluvia
mueve la cintura
y golpea con sus puños la ciudad.
Los perros callejeros hacen su ruta
por calles semisolitarias,
contando chistes de ocas o de locas.

SOLEDAD Y CAFÉ: UNA MEZCLA DE LLUVIA

Aún dormía.

Una brisa de primavera nepalí se arrastró furiosamente por mi nariz de perro y explotó en mis dos pulmones como Granada en mi alma. El viento suave de la tarde de abril alza en el parque de Cádiz una bolsa blanca de plástico que se enreda cada noche entre los cables de electricidad y mis sueños.

Una gran mano invisible mece en el aire caluroso de Sevilla un calcetín sucio de niño pobre y a la tarde soleada de la capital. En una casetilla de madera de pájaro, un niño negro de grandes ojos azules nace y mira fijamente mis dos ojos con incredulidad de árbol. ¿Qué hago yo aquí?, le pregunta en un cántaro el niño a las estrellas.

Un alhelí blanquecino llama ahora mi atención y no sé si parar. Estoy en Córdoba. Patios. Flores. Mayo. Lucía. Caballos. Mucha mierda de caballos. La piso, no la piso. Bebo algo de café. Un agua. Una cerveza. Dos miradas.

En el fondo borroso de una delicada taza de té, de la que bebe un tabernero arruinado, veo latir en miniatura la ciudad entera de Nueva York con sus rascacielos grises y sus famosos taxis amarillos. Nubes. Pitan con el claxon a una anciana pelirroja que, disfrazada de Spiderman, salta descalza y obstruye el tráfico en mitad de la calzada (un gordo camionero negro de tirantes blancos le lanzó una botella de Bombay Sapphire por la ventanilla y rozó la oreja derecha, ya arrugada, de la mujer-araña): de los cristales rotos de esa botella un girasol nace.

Frente a una isla del Pacífico, una gota de oro cae del cielo y sobre el silencio absoluto de los mares, entre rocas y una familia de tiburones, bucea sola hasta el fondo del mar rocoso, verde, límpido, donde tranquilamente, con una sonrisa de acuarela y a piernas cruzadas, se sienta a dialogar sobre la arena con un erizo negro sin púas sangrantes, un galeón español hundido en el siglo XV y un par de corales homosexuales color crepuscular donde habitan cada día, sin conocerse, un buhito y un poema.

Al final de la tarde, cercana ya la noche y algunas gotas de lluvia, una gran navaja suiza color cereza despedaza de arriba abajo en dos el tiempo y con decisión, salto libre, brillante y despeinado por esa extraña línea de sombra vertical, sin más ropa ni dinero que el alma rota de mi abuela en un bolsillo y un par de habanos del 98 robados a Fidel.

Un hilo de agua se desvanece entre dos montañas.

QUÉ HACER SI ES QUE LAS PALABRAS...

Qué hacer si es que las palabras se me caen de la boca, si se me caen a la taza de café, a la sopa de tomate de mi abuela o al cenicero sucio de la cantina.

Qué hacer con las palabras... Quisiera cogerlas por la cintura una a una y dejarlas colgando sobre una farola. O sobre un perchero. O sobre una oreja. Qué hacer. Qué hacer si es que las palabras se me caen de la boca, si se acurrucan siempre en mis oídos, si cada madrugada corren entre risas por la ciudad vacía y al volver a casa me tapan con la mantita rosa hasta el cuello... Entonces, qué hacer. Qué hacer si al desayunar *croissant* me abrazan con su uña fría por las costillas y saltan de mis rodillas a cada paso que doy. Qué hacer con nieve, con diez o con tímpano. Qué hacer con lago o con luciérnaga. Qué hacer contigo si es que se me cae a todas horas de la boca, bailándose un *ballet* ruso en la palma de mi mano, soplándome melodías de Vivaldi que impactan en mi cara, en mi humilde cara; cientos de palabras que saltan a la espuma como ángeles en el aire y que resbalan por mi piel desnuda hasta caer juntitas por el sifón oscuro, casi negro, de la bañera como estrellas de maíz que desembocan en este punto de luz que picotean los gorriones.

Qué hacer. Qué hacer si es que las palabras se me caen de la boca.

Nacido en Sierra de Yeguas (Málaga) en 1992, **Jesús Torres Beato** es uno de esos jóvenes poetas cuyo canto abarca al universo y comparte en su poesía su alegría de vivir con los demás.

Ganador del 1º Premio de Narrativa Breve en el concurso Marbella Crea (2017), ha sido el único concursante hasta ahora en ganar las tres modalidades que se presentan: poesía (2013), microrrelato (2014) y narrativa breve (2017), además de dos segundos premios.

Ha publicado en la *Antología del II Encuentro Internacional de Poesía "Ciudad de Cabra"* (2018) y ha participado en cursos de poesía organizados por la Universidad de Málaga como "Poesía y mecenazgo" (2013) y "Poesía como refundación del mundo. En el centenario de Octavio Paz" (2014), celebrados ambos en Marbella.

Asimismo, ha sido alumno en talleres de poesía del escritor ganador del Premio Loewe (2011), Álvaro García, y del escritor argentino Carlos Salem, este último en Madrid.